MW01592578

# SUBTRACTION
## WIPE-OFF FUN

## Watermill Press

Printed in the United States of America.

10 9 8 7 6 5 4 3 2 1

# HOW TO USE

# SUBTRACTION
# FUN

Say each number fact aloud.  After you have memorized each set of facts, place the wipe-off fold from the back cover over the answers.  Then use a grease pencil to write the answers in the boxes provided.

When you are all done, lift the fold to check your answers.  Then use a dry or wet tissue or paper towel to wipe off the answers.  You can use each page again and again for learning-time fun!

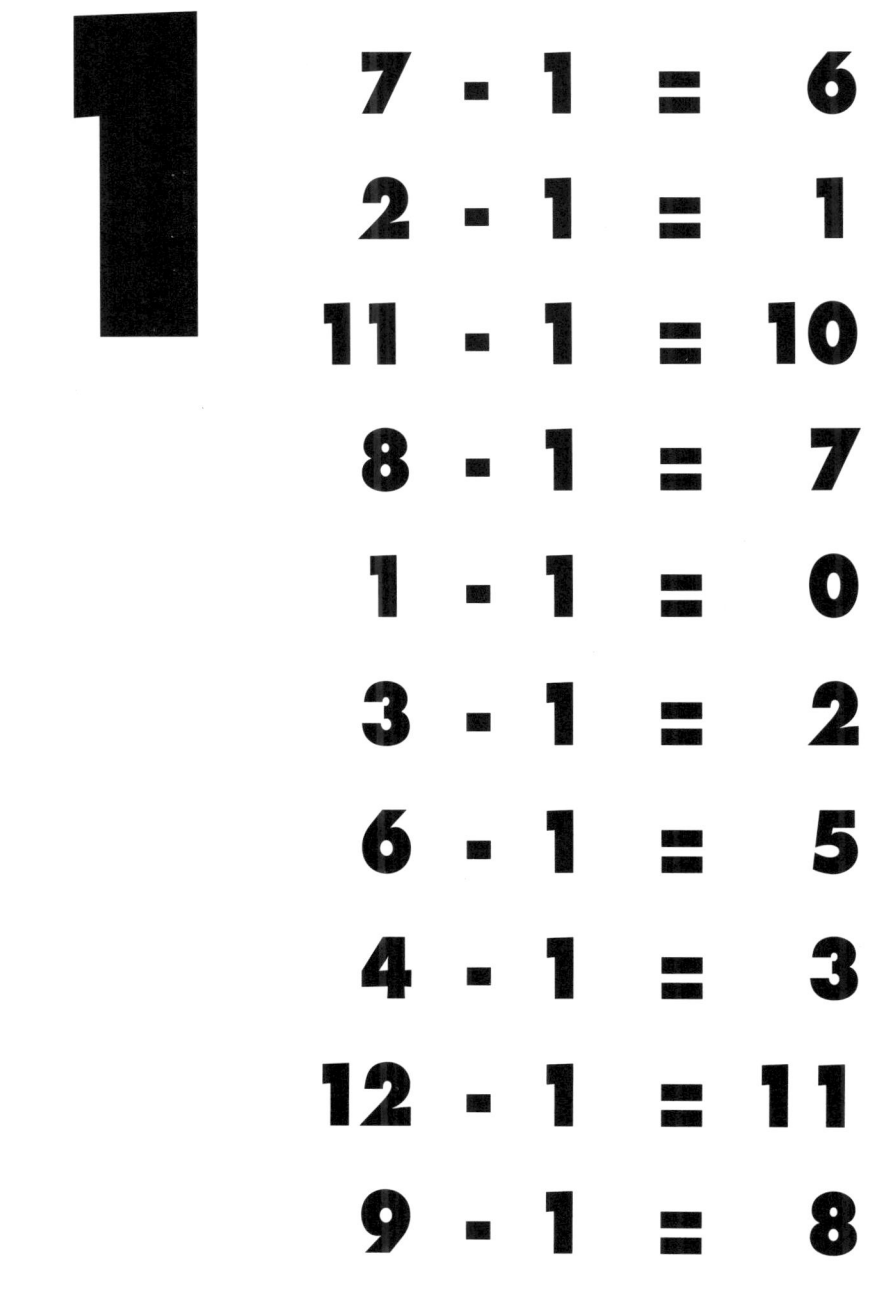

**One**

1

| | | | |
|---|---|---|---|
| 10 - 1 | = | 9 |
| 5 - 1 | = | 4 |
| 7 - 1 | = | 6 |
| 2 - 1 | = | 1 |
| 11 - 1 | = | 10 |
| 8 - 1 | = | 7 |
| 1 - 1 | = | 0 |
| 3 - 1 | = | 2 |
| 6 - 1 | = | 5 |
| 4 - 1 | = | 3 |
| 12 - 1 | = | 11 |
| 9 - 1 | = | 8 |

What kind of ant can count?

An accountant.

# Two

## 2

$$7 - 2 = 5$$

$$12 - 2 = 10$$

$$5 - 2 = 3$$

$$6 - 2 = 4$$

$$13 - 2 = 11$$

$$4 - 2 = 2$$

$$8 - 2 = 6$$

$$2 - 2 = 0$$

$$9 - 2 = 7$$

$$11 - 2 = 9$$

$$3 - 2 = 1$$

$$10 - 2 = 8$$

How many books can you put into an empty
school bag?

*One. After that, it's not empty.*

# Three

**3**

$$6 - 3 = 3$$

$$5 - 3 = 2$$

$$10 - 3 = 7$$

$$11 - 3 = 8$$

$$9 - 3 = 6$$

$$13 - 3 = 10$$

$$4 - 3 = 1$$

$$7 - 3 = 4$$

$$12 - 3 = 9$$

$$8 - 3 = 5$$

$$3 - 3 = 0$$

$$14 - 3 = 11$$

How did the 800-pound man feel when he lost 250 pounds?

Delighted!

# Four

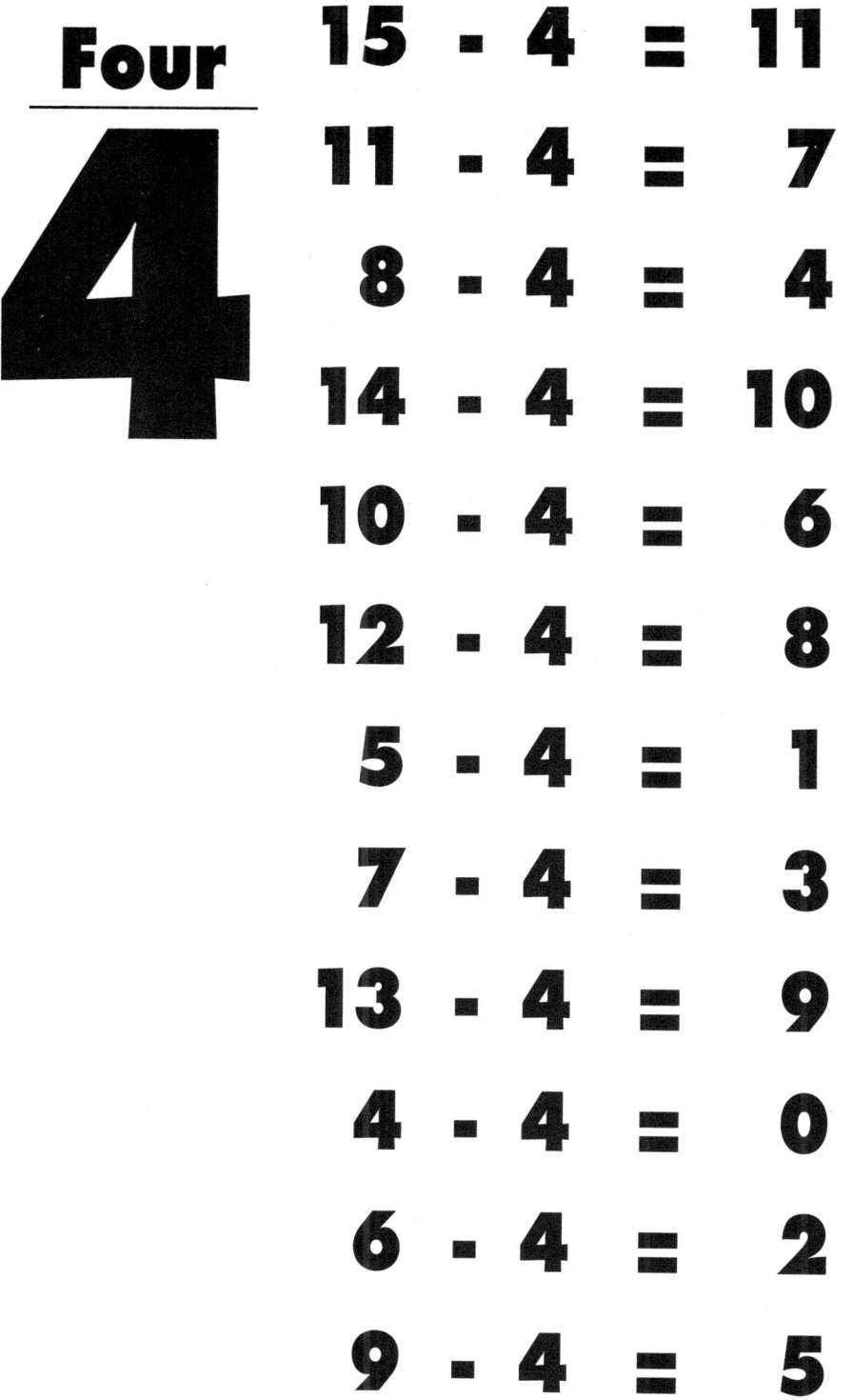

$$15 - 4 = 11$$

$$11 - 4 = 7$$

$$8 - 4 = 4$$

$$14 - 4 = 10$$

$$10 - 4 = 6$$

$$12 - 4 = 8$$

$$5 - 4 = 1$$

$$7 - 4 = 3$$

$$13 - 4 = 9$$

$$4 - 4 = 0$$

$$6 - 4 = 2$$

$$9 - 4 = 5$$

What weighs less: a pound of feathers or
a pound of lead?

*They weigh the same.*

# Five

**5**

| | | | |
|---|---|---|---|
| 10 | - 5 | = | 5 |
| 16 | - 5 | = | 11 |
| 8 | - 5 | = | 3 |
| 13 | - 5 | = | 8 |
| 5 | - 5 | = | 0 |
| 15 | - 5 | = | 10 |
| 11 | - 5 | = | 6 |
| 6 | - 5 | = | 1 |
| 9 | - 5 | = | 4 |
| 12 | - 5 | = | 7 |
| 7 | - 5 | = | 2 |
| 14 | - 5 | = | 9 |

Why is the longest nose on record
only 11 inches long?

Because if it were 12 inches long it would be a foot.

## Six

**6**

$6 - 6 = 0$

$10 - 6 = 4$

$8 - 6 = 2$

$7 - 6 = 1$

$16 - 6 = 10$

$13 - 6 = 7$

$11 - 6 = 5$

$15 - 6 = 9$

$12 - 6 = 6$

$14 - 6 = 8$

$17 - 6 = 11$

$9 - 6 = 3$

TEACHER: If I had 10 bags of peanuts and gave you 5, how many would I have left?

STUDENT: I don't know—in my other school we learned math with apples.

# Seven

**7**

$$10 - 7 = 3$$

$$17 - 7 = 10$$

$$15 - 7 = 8$$

$$7 - 7 = 0$$

$$9 - 7 = 2$$

$$16 - 7 = 9$$

$$12 - 7 = 5$$

$$8 - 7 = 1$$

$$18 - 7 = 11$$

$$13 - 7 = 6$$

$$14 - 7 = 7$$

$$11 - 7 = 4$$

What 5-letter word has 6 left
when you take 2 letters away?

*Sixty.*

# Eight

**8**

18 - 8 = 10

16 - 8 = 8

10 - 8 = 2

9 - 8 = 1

12 - 8 = 4

17 - 8 = 9

13 - 8 = 5

8 - 8 = 0

19 - 8 = 11

15 - 8 = 7

11 - 8 = 3

14 - 8 = 6

What is 10 + 5 minus 15?  What is 3 + 6 minus 9?
What is 17 + 3 minus 20?

*All that work for nothing!*

# Nine

**9**

$$10 - 9 = 1$$

$$12 - 9 = 3$$

$$15 - 9 = 6$$

$$20 - 9 = 11$$

$$18 - 9 = 9$$

$$16 - 9 = 7$$

$$9 - 9 = 0$$

$$19 - 9 = 10$$

$$11 - 9 = 2$$

$$14 - 9 = 5$$

$$17 - 9 = 8$$

$$13 - 9 = 4$$

From what number can you take half
and leave nothing?

*The number 8. Take away the top half and 0 is left!*

# Ten
## 10

$12 - 10 = 2$

$15 - 10 = 5$

$21 - 10 = 11$

$19 - 10 = 9$

$10 - 10 = 0$

$20 - 10 = 10$

$11 - 10 = 1$

$17 - 10 = 7$

$13 - 10 = 3$

$16 - 10 = 6$

$18 - 10 = 8$

$14 - 10 = 4$

A man had 12 sheep. All but 9 died.
How many sheep did he have left?

*Nine.*

# Eleven

# 11

$17 - 11 = 6$

$11 - 11 = 0$

$16 - 11 = 5$

$13 - 11 = 2$

$15 - 11 = 4$

$19 - 11 = 8$

$12 - 11 = 1$

$20 - 11 = 9$

$18 - 11 = 7$

$22 - 11 = 11$

$14 - 11 = 3$

$21 - 11 = 10$

If there were ten cats in a boat and one jumped out, how many would be left?

*None, because they were all copycats!*